LA BATALLA DE SEDÁN

1870, el advenimiento del Imperio alemán

Por Christel Lamboley
En colaboración con Mathieu Roger
Traducido por Elena Muñoz Galvez

Historia en50MINUTOS.es

LA BATALLA DE SEDÁN

DATOS CLAVE

- **¿Cuándo?** El 1 de septiembre de 1870.
- **¿Dónde?** En Sedán, departamento de las Ardenas (Francia).
- **¿Contexto?** La guerra franco-alemana (del 19 de julio de 1870 al 10 de mayo de 1871).
- **¿Beligerantes?** Francia contra el Reino de Prusia, el Reino de Baviera, el Gran Ducado de Bade (antiguo Estado alemán), el Reino de Wurtemberg (antiguo Estado alemán) y la Confederación de Alemania del Norte.
- **¿Actores principales?**
  - Emmanuel Félix de Wimpffen, general francés (1744-1814).
  - Patrice de Mac Mahon, mariscal francés (1808-1893).
  - Helmuth von Moltke, mariscal de campo prusiano (1800-1891).
- **¿Resultado?** Victoria alemana.
- **¿Víctimas?**
  - Bando francés: unos 3000 muertos o desaparecidos, 14 000 heridos y 104 000 prisioneros.
  - Bando alemán : unos 3000 muertos o desaparecidos y 6000 heridos.

INTRODUCCIÓN

La batalla de Sedán es un combate decisivo de la guerra franco-alemana y una gran derrota francesa. Sus consecuencias son el final del Segundo Imperio, la proclamación de la República en Francia y el advenimiento del Imperio alemán.

La guerra se declara en julio de 1870. Un mes después, el ejército francés, tras haber sufrido ya varias derrotas, se reagrupa en Châlons (Francia) bajo el mando del mariscal Patrice de Mac Mahon. Con la intención de socorrer al mariscal Achille Bazaine (1811-1888), sitiado en Metz, Patrice de Mac Mahon decide poner rumbo hacia el este. El 30 de agosto, es derrotado en Beaumont y queda atrapado entre las fuerzas prusianas. Así, se ve obligado a replegarse en la plaza fuerte de Sedán.

El 1 de septiembre de 1870, antes del amanecer, el general prusiano Helmuth von Moltke, cuyo ejército es superior en número, lanza un asalto y rodea al ejército francés por todos los frentes. Sabe que con esta ofensiva puede hacer cambiar radicalmente el resultado de la guerra a favor de Prusia y sus aliados. Lo que está en juego en esta batalla tiene una gran importancia para el canciller prusiano: en caso de derrotar al ejército francés, Otto von Bismarck (1815-1898) puede imponer sus condiciones a Francia y realizar su sueño de unificar Alemania.

CONTEXTO POLÍTICO Y SOCIAL

EL COMIENZO DE LA GUERRA FRANCO-ALEMANA

La batalla de Sedán se inscribe en el contexto de la guerra franco-alemana de 1870-1871, en la que el Segundo Imperio francés se enfrenta a Prusia y sus aliados. Su origen se encuentra en el contexto de la formación de los Estados nación en Europa (en este caso Alemania) y de la emergencia de un sentimiento nacional. En efecto, en el siglo XIX cada nación europea cree tener un papel superior a las demás y estar predestinada a la autoridad. Así pues, la segunda mitad del siglo está marcada por un inexorable desarrollo del sentimiento nacional y belicista que convierte a Europa en un verdadero campo de batalla. Se oponen políticas antagonistas, entre ellas las del emperador francés Napoleón III (1808-1873) y la del primer ministro prusiano, Otto von Bismarck, quien busca finalizar la unificación de Alemania.

Desde su llegada al cargo de primer ministro en 1862, Otto von Bismarck se dedica a la reagrupación de los Estados alemanes bajo la dirección de Prusia. Cuenta con una importante fuerza militar, por lo que se encuentra en disposición de recurrir a la fuerza cuando la diplomacia ya no resulta suficiente. Austria es el primer Estado pretendido. Efectivamente, desde la caída del Imperio de Napoleón I (1769-1821), la nueva Confederación Germánica, establecida por el Congreso de Viena en 1815 y formada por 39 Estados, es el escenario de la lucha de poder entre el Reino de Prusia, el Imperio austríaco y el Imperio francés. Austria obstaculiza el proyecto de unificación de Alemania, por lo que es el primero que Prusia busca neutralizar. Así, en 1866, Otto von Bismarck acaba con las ambiciones hegemónicas de Austria al obtener la victoria en Sadowa (Bohemia Oriental) y consigue unir los Estados alemanes al norte de Prusia.

¿SABÍAS QUE...?

La batalla de Sadowa tiene lugar el 3 de julio de 1866. El origen del conflicto se encuentra en la lucha de poder entre Prusia y Austria por el dominio de los ducados de lengua alemana de Schleswig y de Holstein. El ejército austríaco, dirigido por el generalísimo Ludwig von Benedek (1804-1881) es aplastado por los prusianos y pierde más de 40 000 hombres en la batalla. Austria es así apartada de la Confederación Germánica, que se convierte en la Confederación de Alemania del Norte. La batalla, que marca una etapa importante en el proceso de unificación alemana, tiene una gran repercusión en el resto de Europa —sobre todo en Francia—, y suscita dudas sobre las intenciones prusianas.

La unidad alemana está también ligada a la historia de Francia por varias razones:

- en primer lugar, el Rin, al que el sentimiento alemán otorga una gran importancia, es una de las fronteras naturales de Francia, por lo que todas las tensiones nacionalistas se cristalizan allí;
- además, Otto von Bismarck sabe que para finalizar la uni-

dad alemana debe unir al conjunto de Alemania contra un enemigo histórico, que bien podría ser Francia.

Además, la victoria prusiana en Sadowa empieza a preocupar a la opinión francesa, que se inquieta por las consecuencias que esa unificación podría tener para el país. Así pues, Francia se muestra pronto decidida a impedir que Otto von Bismarck lleve a cabo sus planes. De esta forma, la guerra parece inevitable y solo falta un elemento desencadenante.

EL DESENCADENANTE DE LA GUERRA

El acontecimiento que da pie al conflicto es la candidatura, el 2 de julio de 1870, del príncipe alemán Leopoldo de Hohenzollern-Sigmaringen (1835-1905), primo lejano del rey de Prusia, al trono de España, vacante desde 1868. El Gobierno francés encuentra esta candidatura inaceptable y decide conseguir que se retire. Francia se siente cercada y acusa a Prusia de querer reconstituir el imperio de Carlos V (emperador germánico, heredero de los Habsburgo y de la casa de Borgoña, 1500-1558) y de haber actuado en secreto sin consultar a las potencias europeas vecinas. La única salida posible para los dos bandos es, o bien declararse la guerra, o bien ceder frente al adversario.

Pronto comienzas las negociaciones en la ciudad de Ems, en Renania-Palatinado, entre el rey de Prusia Guillermo I (1797-1888) y el embajador francés, el conde Vincent Benedetti (1817-1900). El 12 de julio, se retira la candidatura prusiana y Guillermo I hace saber que está personalmente a favor de esta retirada. Francia está satisfecha, pero exige todavía una renuncia oficial del Gobierno prusiano y una declaración escrita del rey apoyando la retirada de la candidatura prusiana. Al día siguiente, Guillermo I confirma de nuevo la renuncia de Leopoldo de Hohenzollern-Sigmaringen, pero se niega a las exigencias de los franceses. Después, mediante un comunicado, rinde cuentas de estos hechos a Otto von Bismarck, quien inventa sobre ello una provocación destinada a empujar a Francia a entrar en guerra. El canciller resume y modifica el mensaje original del telegrama —que al principio no tiene nada de insultante hacia Francia—, de forma que parezca que el rey no ha recibido al embajador francés: «Su Majestad el Rey [...] rechazó recibir de nuevo al enviado francés y le informó a través de su ayudante que Su Majestad no tenía nada más que decir al embajador» (Grimberg 1973, 172). Según Otto von Bismarck, este texto «producirá el efecto de un capote rojo frente al toro galo» (Mardones 2001, 195). Se ocupa también de transmitir el telegrama, hoy en día conocido como «telegrama de Ems», a todas las cancillerías para darle una amplia publicidad al texto en el extranjero. Ante esta ofensa, la única opción de Francia es reaccionar.

Antoine Agénor de Gramont, ministro francés de Asuntos Exteriores (1819-1880), considera que se ha insultado a Francia y la indignación en París es general. Pese a los consejos de prudencia y moderación, Napoleón III no es capaz de hacer frente a la opinión pública. Entonces, se precipitan los acontecimientos:

- el 14 de julio, el Consejo de Ministros ordena la movilización;
- el día 15, la asamblea legislativa aprueba los créditos

necesarios para la movilización;
* el día 19, se declara la guerra a Prusia.

El emperador francés comete así dos errores: primero, otorga a Prusia el papel de agredido, lo que provoca que todos los Estados alemanes se unan a ella —los Estados del Sur se unen a la Confederación de Alemania del Norte desde la declaración de guerra— y, en segundo lugar, acepta la guerra siendo consciente de la debilidad del ejército francés.

UNA GUERRA MAL PREPARADA

Napoleón III quiere creer que Francia conseguirá una victoria rápida, pero el país ya no conoce la prosperidad de antaño y se encuentra en una posición de inferioridad en varios planos:

* está aislada política y militarmente: no cuenta con ninguna alianza, mientras que Prusia está apoyada por sus aliados;
* la movilización es caótica. En Francia, el servicio militar no es obligatorio y el reclutamiento se hace mediante sorteo. Cuando comienzan los primeros enfrentamientos, el ejército imperial solo dispone de 260 000 hombres. Del lado prusiano, el servicio militar es obligatorio y el sistema de alistamiento permite reclutar a un gran número de hombres en un tiempo récord. Así, se reclutan 500 000 soldados, a los que hay que añadir un ejército de segunda línea compuesto por 190 000 individuos;
* Francia no dispone de Estado Mayor General ni de formación de alto mando. Como consecuencia, muchos oficiales

y generales no saben leer un mapa. Además, Napoleón III, que decide ponerse al frente de los ejércitos sin tener la envergadura de un jefe militar, está enfermo y tiene que delegar en sus mariscales. Helmuth von Moltke, por su parte, cuenta con sus valerosos y experimentados comandantes, como el general Karl Friedrich von Steinmetz (1796-1877), el príncipe real de Prusia Federico (1831-1888) y el príncipe Federico Carlos (1828-1885), sobrino de Guillermo I;

- su armamento también es inferior. El fusil Chassepot (arma reglamentaria francesa) es excelente, pero hace falta entrenamiento para utilizarlo de forma eficaz. Además, los cartuchos escasean. Por su parte, el ejército prusiano dispone de cañones Krupp de acero, de gran precisión y con un gran alcance;

- Francia no está preparada ni estratégica ni logísticamente, lo que se traduce en un desorden total y en planes que cambian constantemente. Así, en julio de 1870, Napoleón III cambia en el último minuto el plan inicial de concentrar las fuerzas francesas en tres ejércitos y decide reunir el grueso de los efectivos en un solo ejército, el del Rin, y en siete cuerpos del ejército;

- mientras que el ejército adversario se concentra a lo largo de un frente de 120 kilómetros, el ejército imperial se despliega sobre una línea de más de 250 kilómetros. Desde un punto de vista logístico, la situación tampoco es buena. El envío de armas, municiones y víveres es desastroso. Además, los nuevos medios de comunicación como el telégrafo, lejos de ayudar al mando a tomar decisiones eficaces, solo le transmite informaciones engañosas.

EL PRELUDIO DEL DESASTRE

El 28 de julio, Napoleón III abandona París para dirigir las operaciones militares desde Metz, mientras que la emperatriz Eugenia de Montijo (1826-1920) asegura la regencia en París. Unos días después, se le une el mariscal Patrice de Mac Mahon, quien se pone al frente del 1.er Cuerpo del ejército del Rin.

A comienzos de agosto, el ejército prusiano pasa al ataque y consigue varias victorias. El 4 de agosto, el Tercer Ejército alemán se desplaza hacia Alsacia y derrota al ejército francés en Wissembourg, obligándole a replegarse. Los cuerpos del ejército francés, demasiado alejados unos de otros, carecen de rapidez y eficacia. El día 6, Patrice de Mac Mahon, que solo cuenta con su propia unidad, decide colocar sus tropas en la meseta de Frœschwiller (Alsacia), que ofrece a los franceses una ventaja estratégica. Aunque en un primer momento los franceses resisten, por la tarde los prusianos reciben refuerzos y empujan al mariscal francés a replegarse hacia Reichshoffen. Entonces, lanza primero a la brigada de coraceros (la caballería) sobre el pueblo de Morsbronn (episodio conocido como la «carga de Reichshoffen») y después a otra para cubrir la retirada del ejército francés, pero la operación se salda con un fracaso y las pérdidas son numerosas. Francia pierde Alsacia la tarde del 6 de agosto. Ese mismo día, en Lorena, el ejército del general prusiano Karl Friedrich von Steinmetz ataca el cuerpo del ejército del general francés Charles-Auguste Frossard (1807-1875) en las proximidades de la frontera de Sarre. A falta de refuerzos, el general francés solo puede retirarse, lo que significa la retirada de las fuerzas destinadas a la defensa de Lorena. De esta forma, ambos sectores quedan abiertos al invasor.

Tras estas derrotas, el ejército se repliega hacia Châlons-sur-Marne y el mariscal Achille Bazaine, que reemplaza a Napoleón III, recibe la orden de regresar para proteger París. Tras las dudas iniciales, decide finalmente dirigirse a París el 14 de agosto, pero ya es demasiado tarde. Los alemanes atacan las unidades francesas cerca del pueblo de Borny, lo que retrasa la retirada. La falta de audacia y la incompetencia del mariscal llevan a que el ejército del Rin se repliegue hacia Metz. El día 18, la batalla de Saint-Privat (o batalla de Gravelotte) deja numerosas víctimas en el bando alemán. Pese a ello, los errores cometidos por Achille Bazaine y la superioridad numérica del enemigo permite que las tropas prusianas tomen ventaja. Esta victoria, conseguida por los alemanes a un alto precio, desemboca en el aislamiento en Metz del mariscal y sus tropas, que todavía cuentan con 170 000 hombres, es decir, la mitad del ejército francés.

Durante este tiempo, el ejército de Patrice de Mac Mahon se concentra en Châlons para intentar reconstituir un ejército que proteja París, ciudad que se dispone a vivir un asedio inevitable. Pero en la capital, la emperatriz y el ministro de la Guerra, el conde Palikao (1796-1878), temen que se produzca una revuelta y se niegan a que vuelva el emperador. De este modo, ordenan a Patrice de Mac Mahon que vaya a prestar ayuda a Achille Bazaine. Aunque es consciente del desastre que le espera, se pone en camino, acompañado del emperador. Mientras tanto, la operación, que tendría que haberse mantenido en secreto, se filtra a la prensa. Esto permite a Helmuth von Moltke situar a 200 000 hombres en una posición de ventaja. El mariscal francés, que sabe que está siendo perseguido por el ejército enemigo, cambia de dirección en varias ocasiones, lo que retrasa su avance. El 30 de agosto, los alemanes atacan por sorpresa Beaumont. Pese a conseguir salvar el grueso del ejército, se da cuenta de que está en inferioridad numérica y de que no tiene ninguna posibilidad de adjudicarse el combate en campo abierto. Decide entonces cambiar de ruta otra vez y detenerse en la antigua plaza fuerte de Sedán para abastecerse y recuperar fuerzas. Allí tendrá lugar, el 1 de septiembre, un nuevo desastre militar para los franceses que se saldará con la capitulación sin condiciones del ejército, la captura de Napoleón III, el final del régimen imperial, la proclamación de la República y el advenimiento del Imperio alemán.

ACTORES PRINCIPALES

PATRICE DE MAC MAHON, DUQUE DE MAGENTA, MARISCAL FRANCÉS

Retrato de Patrice de Mac Mahon.

Patrice de Mac Mahon, nacido en 1808, es un estadista francés y mariscal de Francia que sirvió durante la guerra franco-alemana. Con anterioridad, en la primavera de 1859, participa y destaca en la guerra contra Austria, en la que Francia apoya a los italianos en su lucha por la unidad del país. El 22 de abril recibe el mando de 2.º Cuerpo del ejército de Italia y, el 4 julio, consigue la victoria de Magenta, que abre la vía hacia Milán. Ese mismo día, un decreto le otorga el título de mariscal de Francia y el de duque de Magenta.

Cuando en 1870 estalla la guerra con Prusia, recibe el mando del 1.ᵉʳ Cuerpo del ejército del Rin. El 4 de agosto, su vanguardia es aplastada en Wissembourg y, el día 6, sufre una sangrienta derrota en Frœschwiller. Tras verse obligado a batirse en retirada hacia Châlons, el día 18 toma el mando del nuevo ejército que allí se forma. Aunque prefiere replegarse hacia París para dar tiempo a que las fuerzas diseminadas en las provincias se organicen, finalmente, bajo presión del Gobierno, se dirige hacia el noreste para prestar ayuda a Achille Bazaine, quien se encuentra replegado en Metz. El 31 de agosto, se encuentra acorralado en la región de Sedán y es cercado por las fuerzas enemigas. Durante la batalla resulta gravemente herido en la cadera, lo que le evita tener que firmar la capitulación. Tras recuperarse de sus heridas cerca de la frontera belga, es transportado a Alemania e internado en Wiesbaden, hasta la firma de la paz en marzo de 1871.

Tras su liberación, es nombrado comandante del ejército de Versalles y organiza la represión de la insurrección de la Comuna de París (de marzo a mayo de 1871). El 24 de mayo de 1873, es elegido presidente de la República por un mandato de siete años, convirtiéndose en el único presidente monárquico de la Tercera República. Tras la victoria de los republicanos en las elecciones al Senado, dimite en 1879 antes del final de su mandato de siete años. Muere en 1893 y es inhumado en los Inválidos.

EMMANUEL FÉLIX DE WIMPFFEN, GENERAL FRANCÉS

Retrato de Emmanuel Félix de Wimpffen.

Emmanuel Félix de Wimpffen, nacido en 1811, es un general francés salido de la escuela militar de Saint-Cyr que participa en la guerra franco-alemana y en la capitulación de Sedán. Con anterioridad, participa en la conquista de Argelia (1830-1847), en la guerra de Crimea contra Rusia (1854-1856) y en la campaña de Italia en 1859.

Al estallar la guerra franco-alemana, se une al ejército del Rin. Reemplaza al mariscal Patrice de Mac Mahon cuando este resulta herido. Así, es él quien tiene que negociar la rendición del ejército francés tras el desastre de la batalla. Posteriormente, es llevado a Alemania como prisionero. Una vez liberado, Emmanuel Félix de Wimpffen es víctima de conspiraciones y ataques que le responsabilizan de la derrota de Sedán. Para defenderse, escribe varias obras: *Sedan* (1871), *La France et la Nécessité des réformes* (1873) y *L'Armée de la Nation* (1875). Muere en 1884.

HELMUTH VON MOLTKE, MARISCAL DE CAMPO PRUSIANO

Retrato de Helmuth von Moltke en 1914.

Helmuth von Moltke, nacido en 1880, es un mariscal de campo y teórico militar prusiano que tomó parte en la guerra franco-alemana de 1870-1871. Con anterioridad a esta guerra, tenía ya una larga carrera como oficial del Estado Mayor prusiano, del que se convierte en jefe en 1857. Allí se encarga de reorganizar por completo el ejército: lo dota de una potente artillería pesada y establece planes de reclutamiento y de campañas que tienen en cuenta el ferrocarril como nuevo medio de transporte.

En su reorganización del ejército, y marcándose objetivos como la destrucción total del ejército adversario, la ocupación del territorio enemigo y la imposición de la paz, intenta constantemente adaptar la estrategia y la táctica militares a las nuevas condiciones técnicas. Así, se fija el envío regular por vía férrea de tropas y víveres al campo de batalla, lo que permite que la batalla se pueda desarrollar a lo largo de todo el frente y no limitarse a una sola zona. Además, el mariscal de campo considera esencial el estudio del terreno e introduce un nuevo tipo de fusil de larga aguja percutora. Con él, el papel de jefe del Estado Mayor, que en la práctica solo depende del rey, llega a su momento cumbre y con ello se impulsa el desarrollo del militarismo prusiano.

Las reformas que implementa le permiten conseguir una ventaja rápida en varias campañas militares. Consigue la victoria en Sedán en 1870 y, posteriormente, organiza el asedio a París, que comienza el 20 de septiembre del mismo año. Helmuth von Moltke es un excelente y hábil estratega, y su papel durante la batalla de Sedán es esencial para la victoria prusiana. Se convierte así en uno de los principales artesanos de la unidad alemana. En 1872, contribuye a transformar el ejército confederado de 1870 en un ejército alemán.

Tras la guerra, escribe varias obras sobre estrategia e historia militares, entre las que destaca un relato sobre la guerra de 1870-1871, que fueron auténticas referencias hasta la Primera Guerra Mundial (1914-1918). Fallece en 1891.

ANÁLISIS DE LA BATALLA

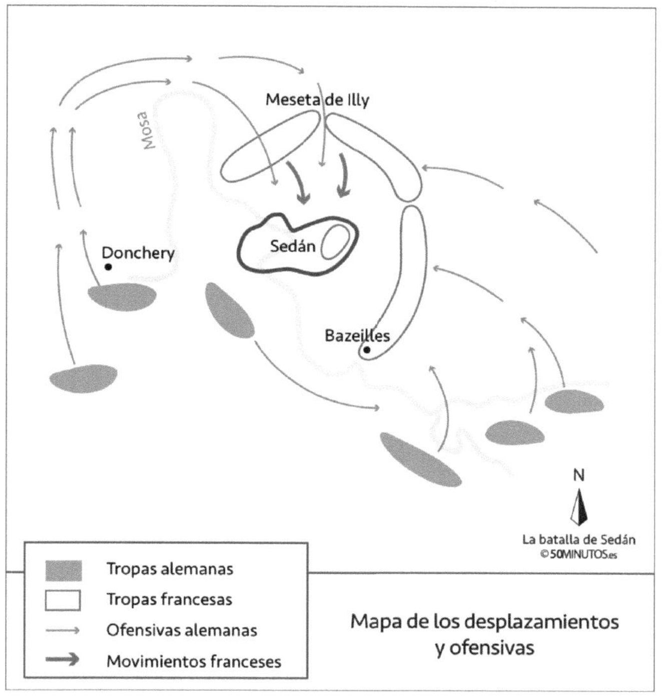

LOS PREPARATIVOS

El 30 de agosto, Patrice de Mac Mahon llega a Sedán con parte de los cuerpos 7.º y 5.º derrotados en Beaumont. Allí se les unen lo que queda del 5.º Cuerpo y los cuerpos 1.er y 12.º. En total, el ejército francés cuenta con cerca de 100

000 hombres. El mariscal francés elige Sedán como punto de concentración para poder descansar allí, antes de partir de nuevo en busca de munición y de víveres para su ejército. Pero sus partidas de búsqueda no tienen éxito y su posición pronto se revela como poco estratégica: Sedán es una antigua plaza fuerte situada en el centro de una cuenca a orillas del Mosa y está pegada a Ardenas, con lo que su defensa es difícil.

Por su parte, la artillería alemana, compuesta por el 3.er y 4.º Ejército (240 000 hombres) comandados por Helmuth von Moltke, se sitúa en lo alto de la ciudad. El rey Guillermo I de Prusia y el canciller Otto von Bismarck presencian la batalla desde una colina situada al suroeste de Sedán.

En la tarde del 31 de octubre, los alemanes consiguen rodear a los franceses al establecer varias posiciones avanzadas. El mariscal de campo alemán ocupa todos los puntos estratégicos:

- al Este, tres cuerpos del ejército ocupan el espacio entre el Mosa y la frontera belga;
- al Sur, otro cuerpo del ejército bloquea el paso;
- al Noroeste, tres cuerpos del 3.er Ejército interceptan una posible retirada hacia Mézières.

Los alemanes rodean al ejército francés en un arco de 30 kilómetros, presionando sus dos flancos. Del lado francés, los cuerpos 1.er, 7.º y 12.º se disponen de norte a sur mientras que el 5.º Cuerpo está de reserva cerca de la fortaleza de Sedán. El general Auguste Alexandre Ducrot (1817-1882) considera que las tropas tendrían que concentrarse al norte de Sedán, sobre la meseta de Illy, lo que permitiría una retirada hacia Mézières si los prusianos consiguieran cercar le pueblo. Pero Patrice de Mac Mahon, mal informado sobre las posiciones de sus adversarios, rechaza esta idea y ni siquiera se molesta en destruir los puentes sobre el Mosa. Así, los franceses están cercados y su única salida es luchar en ese mismo lugar. Pese a ello, el mariscal francés sigue siendo optimista.

PRIMERA FASE DE LA BATALLA: BAZEILLES

En la madrugada del 1 de septiembre, comienza la batalla con la ofensiva de los bávaros del 1.er Cuerpo sobre el pueblo de Bazeilles. Patrice de Mac Mahon se desplaza hasta allí para analizar personalmente la situación. Las calles son escenario de encarnizados combates y las tropas de la armada francesa resisten con la ayuda de las mujeres del pueblo. A las 7 de la mañana, el mariscal francés, herido en la cadera, se ve forzado a abandonar el mando. Le sustituye el general Auguste Alexandre Ducrot, que planea un repliegue hacia Mézières, sacrificando para ello una parte del ejército, lo que le permitiría volver a poner rumbo hacia el oeste. Con este objetivo, comienza a concentrar las fuerzas en el flanco oeste para poder salir de Sedán sin sufrir demasiados daños.

Pero, en ese momento, llega el general Emmanuel Félix de Wimpffen con una carta del ministro de la Guerra en la que se establece que es él quien debe tomar el mando en caso de que el mariscal francés se vea impedido. Toma entonces la dirección de las operaciones y, considerando que puede vencer al enemigo al que se enfrenta, anula el plan de Auguste Alexandre Ducrot. Pero los bávaros que controlan el pueblo han recibido refuerzos y son mucho más numerosos y, además, su artillería es más moderna y muy eficaz. Así, la estrategia del general francés fracasa y los soldados se ven sumergidos bajo un aluvión de balas. Los combates, de una violencia inusual, tienen lugar tanto en las calles como en las casas. Los civiles participan en el combate en un intento de ayudar a los franceses, pero son acribillados al igual que los soldados. En tan solo unas horas, el pueblo está totalmente destruido. Con escasas municiones y separados de sus líneas, los franceses comienzan a retirarse. Mientras tanto, un puñado de soldados resiste hasta el final en un episodio conocido como la Casa del Último Cartucho.

¿SABÍAS QUE...?

El episodio de la Casa del Último Cartucho es un momento cumbre de la batalla de Sedán. Unos cincuenta soldados de infantería de la armada resisten heroicamente para permitir que el resto pueda retirarse. Se repliegan en un albergue que les sirve como base de defensa y allí combaten durante horas hasta que se les agotan las municiones. Al final, un oficial bávaro les perdona la vida, impresionado por su coraje.

Dos años después, Alphonse Marie Adolphe de Neuville (1836-1885) dedica a este acontecimiento su pintura *Les dernières cartouches* (1873), conservada hoy en día en Bazeilles, en el museo dedicado a la batalla de Sedán.

Los últimos cartuchos, de Alphonse Marie Adolphe de Neuville.

SEGUNDA FASE DE LA BATALLA: EL DESASTRE

Al mismo tiempo, la batalla está causando estragos al oeste y al norte de la ciudad. El 3.er Ejército del príncipe Federico de Prusia atraviesa el Mosa por Donchery, al suroeste de Sedán, para unirse al ejército del príncipe de Sajonia y cerrar por completo el círculo alrededor de Sedán. A mediodía, el círculo está completo. La artillería prusiana bombardea las posiciones francesas y la huida hacia Mézières ya no es posible. Para evitar una desbandada total de sus cuerpos del ejército, los generales Auguste Alexandre Ducrot y Jean-Auguste Margueritte (1823-1870) sacrifican su caballería, lanzando cargas desesperadas de soldados de caballería sobre las posiciones alemanas. Pero la caballería no tiene la fuerza para resistir ante una infantería tan bien equipada y defendida por la artillería.

El ejército francés se encuentra cercado en la meseta de Illy, que es la única vía para llegar a Mézières, y no puede hacer nada. Se encuentra completamente desorganizado y es empujado hacia el interior de Sedán. Los supervivientes, nerviosos y en desbandada, convergen en el centro del pueblo en un gran desorden. Sobre las 15:30, los alemanes alcanzan las cumbres que rodean la ciudad y sobre las 17 h controlan todas las alturas. Entonces, Helmuth von Moltke bombardea Sedán, donde agoniza lo que queda del ejército francés. Algunos intentan huir pasando a través de las líneas alemanas, y son abatidos. En total, más de 700 cañones descargan obuses sobre Sedán. La resistencia de los soldados se acaba.

ÚLTIMO ACTO: LA CAPITULACIÓN DE SEDÁN

Napoleón III ha estado presente en el campo de batalla durante toda la mañana, exponiéndose de forma voluntaria a las balas y a los obuses, que no le han alcanzado. Sobre las 13 h, se da cuenta por fin del desastre y, comprobando que durante la batalla han muerto o resultado heridos 17 000 de sus soldados, quiere que la masacre termine. Para ello, desea reunirse con el rey Guillermo de Prusia y así poner fin a la batalla y salvar el honor de sus generales. El emperador iza entonces la bandera blanca sobre la fortaleza para pedir un armisticio. A las 16 h, envía al soberano prusiano un mensaje en el que anuncia su capitulación y la de su ejército, redactado de este modo: «Señor, hermano mío, no habiendo podido morir en medio de mis tropas, no me queda más que poner mi espada en las manos de Vuestra Majestad» (Reyes 2016).

El 2 de septiembre a la 6 h, el emperador se desplaza en carruaje hasta Donchery para encontrarse con el rey, pero son Otto von Bismarck y Helmuth von Moltke quienes le reciben, en la casa de un tejedor del pueblo. A la 10:30, el emperador es conducido al castillo de Bellevue en Frénois, situado en las colinas que dominan el Mosa y la ciudad de Sedán. Allí, Emmanuel Félix de Wimpffen firma el acta de rendición del ejército francés, en presencia del emperador y del rey de Prusia. Las condiciones de la capitulación militar son estrictas: se entregan a los vencedores las armas, las municiones, el material, los caballos y las banderas, y el ejército es hecho prisionero y conducido a la península de Iges, al oeste de Sedán. También Napoleón III es hecho prisionero. Al principio de la tarde recibe la visita de Guillermo I, a quien confiesa que se había visto forzado a hacer la guerra por la presión de la opinión pública. Al día siguiente, abandona Francia y es llevado a Prusia, donde permanece del 5 de septiembre al 19 de marzo de 1871 en arresto domiciliario en el castillo de Wilhelmshöhe. A continuación parte al exilio en Inglaterra.

Otto von Bismarck y Napoleón III tras la batalla de Sedán.

¿SABÍAS QUE...?

La península de Iges, situada en un meandro del Mosa y que ocupa una superficie de varios cientos de hectáreas, es una prisión a cielo abierto. Se le denomina «campo de la miseria» debido a las espantosas condiciones de vida que tienen que soportar los soldados franceses, prisioneros de los alemanes. En total, se concentran allí 83 000 prisioneros desde el 3 de septiembre. No disponen de ningún refugio y tampoco reciben provisiones. Muchos mueres de hambre, de enfermedad o son abatidos por los centinelas alemanes al intentar escapar. El campo se abandona finalmente entre el 6 y el 15 de septiembre, y los prisioneros son transportados a Alemania para ser internados.

Al final, la batalla de Sedán se cierra con un éxito decisivo de los alemanes, que se encuentran ahora en posición de fuerza para imponer su voluntad a los vencidos. Del lado francés, la derrota es un desastre y las pérdidas importantes: se contabilizan 3000 muertos, 14 000 heridos y unos 104 000 prisioneros, mientras que los alemanes contabilizan 3000 muertos y 6000 heridos.

La desproporción entre las fuerzas alemanas, seguras de sí mismas y con el apoyo de una potente artillería, y las tropas francesas, desmoralizadas y agotadas por los anteriores combates, contribuyó plenamente a la derrota de Francia. El desastre de Sedán conlleva, el 4 de septiembre en París, la caída del Segundo Imperio y la proclamación de la Tercera República. Este acontecimiento marca el comienzo de una nueva fase en la guerra franco-alemana, que termina tan solo varios meses después.

REPERCUSIONES DE LA BATALLA

CONSECUENCIAS POLÍTICAS Y SOCIALES

El anuncio de la derrota llega a París el 3 de septiembre. Al día siguiente, el pueblo inunda el palacio Borbón, sede de la Asamblea Legislativa, en el que Léon Gambetta, diputado republicano (1838-1882), declara la destitución del emperador y proclama la República en medio de un entusiasmo colectivo. La emperadora Eugenia y el ministro de guerra Palikao se ven obligados a exiliarse. Se establece entonces un Gobierno provisional, denominado «Gobierno de Defensa Nacional», formado por diputados republicanos moderados como Jules Ferry (1832-1893), Jules Simon (1814-1896) y Jules Favre (1809-1880). Léon Gambetta se convierte en ministro del Interior y la presidencia se le confía al general Louis Jules Trochu (1815-1896).

No obstante, la formación de un nuevo gobierno no significa el final de la guerra, que continúa cinco meses más y que se desplaza cada vez más hacia la capital y el centro de Francia.

El asedio a París comienza el 20 de septiembre de 1870. Durante cuatro meses, el Gobierno, encerrado tras los muros de París, se comunica con el exterior gracias a globos y palomas mensajeras. La situación se vuelve aún más crítica cuando Helmuth von Moltke bombardea la ciudad. Los víveres pronto escasean: los parisinos se ven forzados a comer perros, gatos y ratas, y los elefantes del Jardín de las Plantas de París son abatidos para ser vendidos en las carnicerías. Para desbloquear la situación, Léon Gambetta abandona la ciudad en globo para reclutar nuevos ejércitos en el sur y el oeste del país. Está decidido a organizar la guerra y, al mismo tiempo, quiere preservar la unidad nacional y lograr que la mayoría del pueblo acepte la República. Para ello, forma varios ejércitos: el ejército del Loira, el ejército del Norte y el ejército del Este. De forma paralela, surgen por toda Francia grupos de francotiradores (voluntarios más o menos organizados que no forman parte del ejército regular) decididos a hacer frente y a hostigar las líneas prusianas. A partir de entonces, el conflicto pasa a ser una guerra de movimientos sobre el Loira, el Sena, el Franco Condado, Borgoña, Picardía y Normandía, y una guerra de posición con los sitios de París, Metz, y Belfort, que resiste valientemente hasta el 13 de febrero. Pero los nuevos ejércitos reclutados por Léon Gambetta no tienen nada que hacer contra los de Helmuth von Moltke: Achille Bazaine capitula definitivamente el 27 de octubre y los ejércitos de las provincias son derrotados a finales de enero.

¿Sabías que...?

El 17 de octubre de 1870, Léon Gambetta nombra gobernador de Belfort al coronel Pierre Philippe Denfert-Rochereau (1823-1878). Desde el 4 de noviembre, la ciudad se encuentra cercada por los ejércitos del general August von Werder (1808-1888) y el asedio comienza poco a poco. Un mes después, se producen los primeros bombardeos. Cuando París capitula y firma el armisticio el 28 de enero, Belfort continúa la resistencia y no se rendirá hasta el 13 de febrero, tras 103 días de asedio.

Pese a ello, Pierre Philippe de Denfert-Rochereau consigue salvar el honor de los franceses, humillados en la derrota de Sedán y, gracias a su resistencia, Francia conserva el distrito de Belfort, que pasa a ser un departamento francés en mayo de 1871.

El sitio de París termina el 28 de enero. Ese mismo día se firma un armisticio en el Palacio de Versalles. Se proclama el Imperio alemán en la Galería de los Espejos y Guillermo I se convierte en emperador del Segundo Reich. Otto von Bismarck consigue realizar así, tal como quería, la unificación entre la Confederación de Alemania del Norte y los Estados del Sur.

La Comuna de París

Otto von Bismarck exige que se cree en Francia un Gobierno representativo designado por una Asamblea. Esta Asamblea, elegida el 8 de febrero, se compone de una mayoría de diputados monárquicos y del clero. Adolphe Thiers (1797-1877) se convierte en jefe del Poder Ejecutivo de la República. Los parisinos viven este acontecimiento como un verdadero fracaso, y consideran que la República está amenazada. La brecha entre la Asamblea y el pueblo parisino se amplía cada vez más. El pueblo sale a la calle para denunciar la traición. El 15 de marzo, el Gobierno se instala en Versalles y los parisinos aprovechan la ocasión para tomar posesión del ayuntamiento de la ciudad. Rápidamente, se llama a la población a las urnas y, el 26 de marzo, se establece el Consejo de la Comuna, formada por personas provenientes de la pequeña y mediana burguesía y por obreros y que preconiza ideas como la libertad, la autogestión y la democracia directa basada en una ciudadanía activa. Entre otras cosas, la Comuna adopta la bandera roja, el calendario revolucionario, la separación entre la Iglesia y el Estado, la obligación y la gratuidad de la enseñanza, así como la elección de los funcionarios.

Francia se encuentra al borde de la guerra civil. Para evitarlo, Adolphe Thiers debe reconquistar la capital y, durante la semana del 21 al 28 de mayo (conocida como «semana sangrienta»), reprime con dureza la insurrección. La República demuestra así su capacidad de restablecer el orden social, pero la herida infligida en el pueblo es profunda.

¿SABÍAS QUE...?

El 21 de mayo, Patrice de Mac Mahon, al frente del ejército de Versalles, entra en París, donde se han levantado barricadas. Los partidarios de la Comuna y la población parisina sufren una dura represión. En total, se contabilizan 20 000 ejecuciones sumarias durante los combates. Los partidarios de la Comuna responden fusilando a 47 rehenes. Del lado del ejército, se cuentan 1300 muertos.

Siete días después, se producen en el cementerio del Père-Lachaise los últimos combates, que terminan en la masacre de 147 partidarios de la Comuna al pie del Muro de los Federados. En total, París pierde 100 000 habitantes y numerosas riquezas culturales, entre ellas sus archivos.

CONSECUENCIAS TERRITORIALES, MATERIALES Y HUMANAS

El 10 de mayo de 1871, se firman las rigurosas cláusulas territoriales del tratado de paz: los departamentos del Bajo Rin y del Alto Rin, los distritos de Sarreguemines, Metz, Thionville, Sarrebourg, Château-Salins y Briey, y dos de los cantones de Vosgos, Saales y Schirmeck, se anexionan al Imperio alemán. En total, son 1 447 000 hectáreas, 1694 municipios y 1 597 000 habitantes los que pasan a estar bajo autoridad alemana. Gracias a ello, Alemania gana un potencial económico, agrícola e industrial nada despreciable. No obstante, Otto van Bismarck realiza concesiones sobre Belfort, restituye el valle de Giromagny y la ruta de acceso al Ballon d'Alsace, y acepta abrir la frontera de Luxemburgo y dejar a Francia varios municipios de Lorena.

Los estragos provocados por los combates y los bombardeos en las ciudades son numerosos y los medios de comunicación han sido gravemente dañados. París y sus alrededores son los más afectados: la capital pierde así más de dos millones de habitantes.

El tratado fija también las modalidades del pago por parte de Francia a Alemania de una indemnización de cinco mil millones de francos de oro. Los departamentos del noreste son retenidos como garantía y solo serán liberados tras el pago completo de la suma, lo que empuja a Francia a pedir préstamos por la cantidad necesaria en los mercados interior e internacional. Pese a la severidad del tratado, Francia no resulta dañada ni en su organización estatal ni en su soberanía. Se estima que la guerra habría costado 18 mil millones de francos de oro. No obstante, Francia sigue siendo un país rico, ya que su capacidad de producción y de ahorro no se ha visto afectada. Algunas de las consecuencias de la derrota se consideran incluso como positivas: la República reorganiza y moderniza el ejército, instaurando el servicio militar obligatorio, y estabiliza sus instituciones.

CONSECUENCIAS IDEOLÓGICAS

La humillación de la derrota, la experiencia de la invasión, las exigencias del vencedor, la ocupación del territorio y la pérdida de Alsacia y Lorena hacen nacer un sentimiento de pertenencia a una patria común y contribuye a terminar la formación de la nación, en adelante unida por su abierta hostilidad hacia los alemanes. Aunque la anexión de Alsacia y Lorena solo desempeña un papel marginal en el estallido de la guerra en 1914, contribuye a que la población asimile, a ambos lados del Rin, la posibilidad de una guerra entre Francia y Alemania, por lo que, cuando estalla la guerra en 1914, el reclutamiento de tropas es fácil. En la escuela, el ejército y la prensa se reavivan constantemente los recuerdos de los años 1870 y 1871 y, de esta manera, la hostilidad entre ambos países se mantiene.

Así pues, la batalla decisiva de Sedán representa el momento en el que cambia el equilibrio de poder en Europa. Alemania emerge como un importante actor en las relaciones internacionales y los demás Estados solo pueden posicionarse en función de sus posturas. Alemania ocupa ahora una posición hegemónica y privilegiada en el centro de Europa, mientras que Francia está débil en la escena internacional, lo que dibuja un nuevo equilibrio europeo.

Con el paso del tiempo, los países que habían permanecido neutrales comienzan a ver en Alemania un peligro potencial, lo que les lleva a concluir alianzas. Rusia y Francia se alían en 1893 y Gran Bretaña y Francia hacen lo propio en 1904 (esta última alianza se conoce «Entente cordiale»), ambas alianzas preludio de la Triple Entente (1907). Por su parte, los alemanes quieren mantener aislada a Francia y concluyen, en 1882, la Triple Alianza con Austria-Hungría e Italia. Esto precipitará a Europa, y después al resto del mundo, a la Primera Guerra Mundial en 1914. El año 1870-1871, llamado con toda razón «el año terrible» por Victor Hugo (escritor francés, 1802-1885), supone pues, en muchos aspectos, un importante giro hacia el aciago futuro que espera a las naciones europeas.

EN RESUMEN

1870

19 jul.: Francia declara la guerra a Prusia

Comienzos ag.: el ejército prusiano pasa al ataque

6 ag.: Francia pierde Alsacia y Lorena

14 ag.: Francia se repliega hacia Metz

18 ag.: batalla de Saint-Privat

30 ag.: el ejército francés se concentra en Sedán

1 sept.: batalla de Sedán

2 sept.: Napoleón III es hecho prisionero

4 sept.: proclamación de la Tercera República

1871

10 may.: final de la guerra franco-alemana

La batalla de Sedán © 50MINUTOS.es

- La batalla de Sedán es un episodio que marca la guerra franco-alemana de 1870-1871 y que se encuentra en el origen de la formación de los Estados nación europeos y la emergencia de un sentimiento nacional durante el siglo XIX. El primer ministro prusiano, Otto von Bismarck, pretende completar la unificación de Alemania agrupando al conjunto de reinos y Estados alemanes contra un enemigo histórico: Francia.

- El 2 de julio de 1870, el príncipe alemán Leopoldo de Hohenzollern-Sigmaringen, primo del rey de Prusia, presenta su candidatura al trono de España. Francia se siente rodeada y le preocupan las consecuencias, así que exige la retirada de esta candidatura y una renuncia oficial del

Gobierno prusiano. Otto von Bismarck se inventa sobre esta historia una provocación dirigida a forzar la entrada de Francia en guerra («el telegrama de Ems»), lo que finalmente se produce el 19 de julio de 1870.

- A comienzos de agosto, el ejército prusiano pasa al ataque y se adjudica varias batallas. El día 6, Alsacia y Lorena se abren al invasor. El día 18, el mariscal Achille Bazaine queda atrapado en Metz con el ejército del Rin.

- Patrice de Mac Mahon decide volver a formar un ejército en Châlons-sur-Marne para regresar a París y defender la ciudad en caso de asedio. Pero, por orden de la emperatriz, tiene que partir hacia Metz. De camino, se detiene en la ciudad de Sedán para abastecerse y permitir que su ejército recupere fuerzas.

- Por su parte, Helmuth von Moltke, mariscal prusiano, sitúa a sus soldados en lo alto de la ciudad. El día 31, los alemanes consiguen cercar al ejército francés.

- El 1 de septiembre, comienza la primera fase de la batalla, con el ataque de los bávaros sobre el pueblo de Bazeilles, cerca de Sedán. Patrice de Mac Mahon resulta herido durante los combates y tiene que abandonar el mando. Le sustituyen primero el general Alexandre Ducrot y después el general Emmanuel Félix Wimpffen.

- Durante la segunda fase de la batalla, la artillería prusiana comienza a bombardear las posiciones francesas. Se sacrifica la caballería y se empuja al ejército hacia el interior de Sedán. Helmuth von Moltke bombardea entonces la ciudad.

- Ante este desastre, Napoleón III solicita un armisticio. El 2 de septiembre se firma el acto de rendición del ejército francés y el emperador es hecho prisionero. Es llevado a

Prusia, donde permanece hasta marzo de 1871.

- La capitulación de Sedán tiene como consecuencia directa la caída del Segundo Imperio y la proclamación de la República el 4 de septiembre de 1870. La guerra franco-prusiana entra entonces en una nueva fase y los ejércitos de las provincias son finalmente derrotados en enero. Se firma un armisticio el 28 de enero. Se proclama el Imperio alemán en la Galería de los Espejos de Versalles.

- En marzo de 1871, los parisinos se sublevan contra el Gobierno y ponen en marcha una organización cercana a la autogestión: la Comuna, que dura dos meses. Francia se encuentra al borde de la guerra civil. En mayo, el Gobierno reconquista la capital y la Comuna es aplastada sangrientamente.

- Como consecuencia del conflicto se dibuja un nuevo equilibrio europeo: Alemania sale reforzada del enfrentamiento y se convierte en un importante e imprescindible actor en las relaciones internacionales. Del lado francés, la derrota supone el nacimiento de una hostilidad abierta hacia Alemania. Percibida como un peligro potencial por los otros países europeos, estos concluyen unas alianzas que contribuirán a dar al siguiente conflicto una dimensión mundial.

PARA IR MÁS ALLÁ

FUENTES BIBLIOGRÁFICAS

- Audoin-Rouzeau, Stéphane. 1989. *1870. La France dans la guerre*. París: Armand Colin.
- Bizière, Jean-Maurice, Jean-Claude Drovin, Michel Koszul, Roland Marx, André-Jean Tudesq y Pierre Vayssière. 1994. "Otto von Bismarck". En *Dictionnaire des biographies. Le XIXe siècle*, tomo V. París: Armand Colin.
- Bizière, Jean-Maurice, Jean-Claude Drovin, Michel Koszul, Roland Marx, André-Jean Tudesq y Pierre Vayssière. 1994. "Patrice de Mac-Mahon". En *Dictionnaire des biographies. Le XIXe siècle*, tomo V. París: Armand Colin.
- Bizière, Jean-Maurice, Jean-Claude Drovin, Michel Koszul, Roland Marx, André-Jean Tudesq y Pierre Vayssière. "Helmuth von Moltke". En *Dictionnaire des biographies. Le XIXe siècle*, tomo V. París: Armand Colin.
- Boulanger, Philippe. 2002. *La géographie militaire française (1871-1939)*. París: Economica.
- Chautard, Sophie y Masri Féki. 2012. "Sedan (1er septembre 1870)". En *Les Grandes Batailles de l'histoire*. Nanterre: Studyrama.
- Caron, Jean-Claude y Michel Vernus. 1996. *L'Europe au XIXe siècle. Des nations aux nationalismes. 1815-1914*. París: Armand Colin.
- Demier, Francis. 2000. *La France du XIXe siècle*. París: Seuil.
- Durand-Barthez, Manuel. 2011. *De Sedan à Sarajevo. 1870-1914: mésalliances cordiales*. París: L'Harmattan.

- Grimberg, Carl. 1973. *Historia universal*, tomo XI. Madrid: Ediciones Daimon.
- Holden-Reid, Brian. 2001. *Atlas des guerres. L'âge industriel. Guerre de Crimée, guerre de Sécession, unité allemande. 1854-1871*. París: Éditions Autrement.
- La guerre de 1870-1871 en images. Consultado el 14 de febrero de 2017. http://www.laguerrede1870enimages.fr
- Milza, Pierre. 2009. *"L'année terrible". La guerre franco-prussienne. Septembre 1870-mars 1871*, tomos I y II. París: Perrin.
- Mourre, Michel. 2001. "Otto von Bismarck". En *Le Petit Mourre. Dictionnaire d'histoire universelle*. París: Bordas.
- Reyes, Luis. 2016. "Un imperio cae, otro imperio nace". *Tiempo*. 6 de septiembre. Consultado el 21 de febrero de 2017. http://www.tiempodehoy.com/cultura/historia/un-imperio-cae-otro-imperio-nace
- Roth, François. 1990. *La guerre de 1870*. París: Fayard, colección *Pluriel*.
- Rougerie, Jacques. 1998. *La Commune de 1871*. París: PUF, colección *Que sais-je?*
- Tulard, Jean. 1995. *Dictionnaire du Second Empire*. París: Fayard.
- Yon, Jean-Claude. 2004. *Le Second Empire. Politique, société, culture*. París: Armand Colin.

FUENTES COMPLEMENTARIAS

- Becker, Jean-Jacques y Stéphane Audoin-Rouzeau. 1996. *La France, la nation, la guerre de 1850 à 1920*. París: Sedes.
- Bertin, Pierre. 2007. *1870-1871. Désillusions dans l'Est*. Besanzón: Cêtre.

- Flonneau, Jean-Marie. 2003. *Le Reich Allemand de Bismarck à Hitler. 1848-1945*. París: Armand Colin.
- Jaurès, Jean. 1901. *Histoire socialiste 1789-1900. La guerre franco-allemande (1870-1871)*. París: J. Rouff.
- Lecaillon, Jean-François. 2002. *Été 1870. La guerre racontée par les soldats*. París: Bernard Giovanangeli Éditeur.
- von Moltke, Helmuth. 1891. *La guerre de 1870*. París: Librairie Le Soudier.

FUENTES ICONOGRÁFICAS

- Retrato de Patrice de Mac Mahon. La imagen reproducida está libre de derechos.
- Retrato de Emmanuel Félix de Wimpffen. La imagen reproducida está libre de derechos.
- Retrato de Helmuth von Moltke en 1914. La imagen reproducida está libre de derechos.
- *Los últimos cartuchos*, de Alphonse Marie Adolphe de Neuville. La imagen reproducida está libre de derechos.
- Otto von Bismarck y Napoleón III tras la batalla de Sedán. La imagen reproducida está libre de derechos.

LITERATURA

- Daudet, Alphonse. 1981. *Cuentos del lunes*. Traducido por Manuel Serrat Crespo. Barcelona: Bruguera.
- Hugo, Victor. 1896. *El año terrible: Sedán y la Commune de París*. Traducido por Mariano Blanch. Barcelona: Saurí y Sabater.
- de Maupassant, Guy. 1986. *Bola de sebo*. Traducido por

Javier Albiñana Serain. Barcelona: Bruguera.
* de Maupassant, Guy. *Mademoiselle Fifi y otros cuentos de guerra.* Traducido por Esther Benítez. Madrid: Alianza Editorial.
* Rimbaud, Arthur. 1870. "El durmiente del valle".
* Zola, Émile. 1967. *El desastre.* Traducido por Mariano García Sanz. Barcelona: Ediciones Nauta.

PELÍCULAS Y DOCUMENTALES

* *Champ d'honneur.* Dirigida por Jean-Pierre Denis, con Cris Campion, Pascal Rocard y Éric Wapler. Francia: Baccara Productions, La Sept Cinéma y Palmyre Productions, 1987.
* *Les Alsaciens ou les Deux Mathilde.* Telefilme dirigido por Michel Favart, con Aurore Clément, Cécile Bois y Jean-Pierre Miquel. Francia: Pathé Télévision, 1996.
* *1870. La Bataille décisive de Sedan.* Dirigido por Jan N. Lorenzen y Hannes Schuler. Alemania y Países Bajos: Arte, 2006.
* *La Guerre franco-allemande en Franche-Comté.* Dirigido por Daniel Seigneur. Francia, 2011.

MUSEOS Y EDIFICIOS CONMEMORATIVOS

* Iglesia de Saint-Martin, en Bazeilles, Francia.
* La cruz de Mac Mahon, situada en el lugar en que el mariscal resultó herido, en Bazeilles, Francia.
* La cripta osario militar de 1870, en Bazeilles, Francia.
* El castillo de Turenne, en Turenne, Francia.
* El monumento a los muertos en la plaza de Alsacia-

Lorena, en Sedán, Francia.

- El monumento del Roble quebrado («Chêne brisé»), en Floing, Francia.
- El museo de la Casa del Último Cartucho, en Bazeilles, Francia.

¡APRENDER
NUNCA ANTES FUE
TAN RÁPIDO!

www.en50minutos.es